5분 우주 이야기

written by
Gabby Dawnay

illustrated by
Mona K

별난고래

이 책에는 5분 동안 소리 내어 읽을 수 있는
우주 이야기가 담겨 있습니다.

밤하늘의 경이로움이
여러분의 발견을 기다리고 있습니다!

각 이야기의 마지막에는 유익한 정보를 제공해요.
'어른과 함께하는 모든 정보' 페이지를 살펴보세요.

오늘은 어떤 **5분 우주 이야기**를
읽어보시겠어요?

지구의 은빛 위성 · 6

살아 숨 쉬는 무지갯빛 행성 · 16

태양계의 소용돌이 안에서 · 26

바위로 된 네 개의 행성들 · 36

가스와 얼음으로 된 네 개의 거대한 행성들 · 46

돌고 도는 작은 존재들의 여정 · 56

은하수의 별이 빛나는 회전목마 · 66

우리들의 불타오르는 슈퍼스타 · 76

별이 반짝이는 유치원 · 86

아주 멀리-머나먼 곳에 우주라고 불리는
경이롭고 끝이 없는 공간이 있습니다.

수십억 년 전 아주 먼 옛날 나타나서는 끝없이 커지고 있죠.
끝이 안보이는 광활한 공간입니다.

우리 지구가 태어났어요.
별빛 주위를 빙글빙글 돌고 있답니다.

뜨겁게 타오르는 강력한 태양도 하늘에 떠 있는
수많은 별 중 하나이며, 아직도 우주는 미스터리로 가득합니다.

모든 별들은 자기만의 규칙이 있고 은하 하나하나마다
우리가 헤아릴 수 없을 만큼 많은 것을 담고 있어요.

수성, 금성, 화성 이외에도
수많은 별들로 가득 찬 성운까지 찾아보세요!

눈 깜짝할 사이 떨어지는 유성도 볼 수 있어요.
아직도 배울 게 많은 우주로 함께 여행을 떠나요!

선명하게 빛나는 하늘과 먼지로 쌓인 달
그리고 그 너머를 바라보세요.

지구의 은빛 위성

저 높이 하늘 어딘가에서
달은 얼굴에 옅은 빛을 띠고
우리를 내려다보고 있습니다.

해가 지기 시작하자,
달은 수십억 년 동안
지켜온 규칙대로
움직이기 시작합니다.

달은 모두가 잠든 시간
몰래 숨어들어 밤을 밝히지만
언제나 우리 곁에 있습니다.

간혹 밤하늘에
달이 보이지 않을 때가 있습니다.
하지만 곧 새롭게 빛나는 모습으로
다시 나타날 거예요!

보름달에서 초승달로
가득 차올랐다가 기울어지고,
뜨고 지고를 반복하며 다시 돌아옵니다.

"여러분에게 들려줄 이야기가
얼마나 많은지 몰라요!"
달이 구름 사이로
은은한 빛을 띠며 얼굴을 내밀었어요.

"저는 위성이라서 언제나 큰 원을 그리며 같은 길을 회전한답니다!"

"지구 주변을 돌면서 쉬지 않고 움직이는 게 저의 일이에요. 가만히 멈춰있을 수가 없거든요."

달은 단 하루도 쉬지 않아요.
매일매일 모습을 바꾸며,
매달 새로운 형태를 남기죠.

하지만 지구에서 보이는
달은 어디서든,
처-언-처-언-히-
움직이는 것처럼 보입니다.

그래서 달이 사실은 엄청난 속도로
하늘을 누비고 있다는 걸
상상해 본다면,
참 재밌지 않나요?

"물론 저는
지구에 비하면 작지만,
제 힘은 파도를 일으킬 정도로
강력하답니다!"

달은 때때로 은빛,
때로는 금빛으로 빛나는데
어떤 모습이든 정말 멋지답니다!

"제 이야기를 더 들려드릴까요?"
밤 하늘에 떠오른 달의 얼굴이
기대감으로 반짝거리네요.

"여러분은 제가 밤하늘에서도 어떻게 은은하게 빛날 수 있는지 궁금하지 않나요?"

"크고 빛나는 공처럼 하늘에 떠 있지만, 저는 전구처럼 스스로 빛을 내진 않아요!"

"제 몸은 놀랍게도 금속과 돌덩이로 이루어져 있답니다!"

지구의 가장 가까운 이웃, 달에 관한 모든 것

달은 2초에 1.6km의 속도로 지구를 도는 자연 위성입니다.
지구 궤도를 한 바퀴 도는 데 27.3일이 걸립니다.

돌과 강철로 만들어진 달은 태양으로부터 온 빛을 반사하여 밤하늘을 밝힙니다. 이것이 달이 밤하늘을 밝히는 방법입니다.

지구에서 달은 보통 흰색으로 보이지만 때때로 빨강, 주황, 노랑 그리고 하늘빛으로 보일 때도 있습니다. 이건 지구 대기 속에 있는 다양한 기체들 때문이에요. 달의 본래 색은 먼지 같이 뿌연 회색입니다.

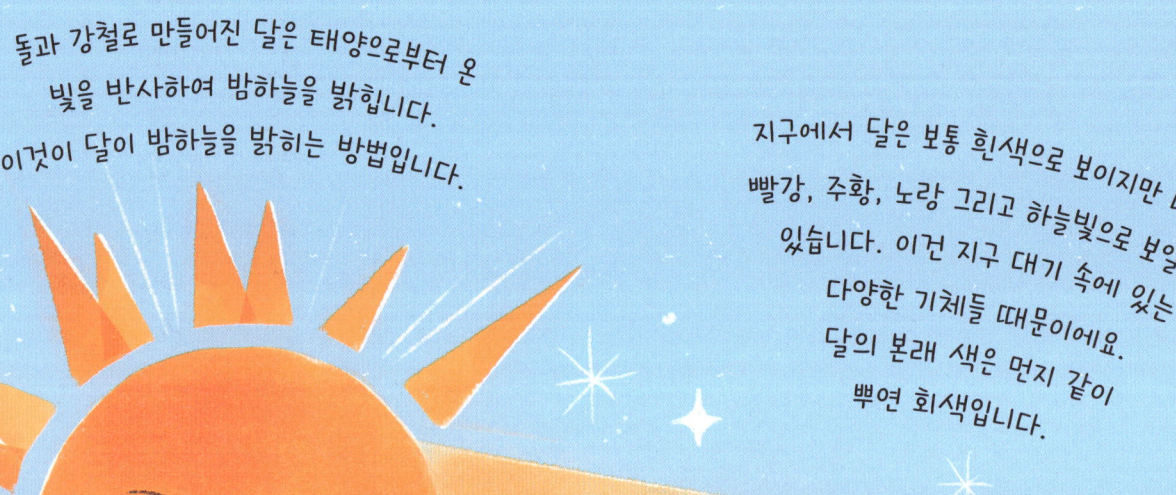

달은 대략 45억 년 전에 지구와 작은 행성의 충돌로 인해 발생한 파편에서 태어났습니다.

달은 지구보다 중력이 훨씬 낮습니다. 중력이란 지구 같은 행성이나 달과 같은 천체들이 자신의 중심으로 물체를 잡아당기는 힘이에요. 이 힘은 태양 주위를 떠도는 물체도 붙들어둘 수 있습니다.

달은 매년 지구에서 조금씩 멀어져가고 있지만, 태양이 빛나는 동안에는 지구의 궤도를 따라 돌 겁니다.

달은 항상 자신의 얼굴 한 쪽만 지구에게 보여줍니다. 반대 쪽은 달의 뒷면 또는 달의 어두운 면이라고도 불린답니다.

태양이 떠오를 때
달이 하늘에서 차츰 모습을 감추고
세상은 환하게 빛나면서
새로운 아침이 밝아옵니다.

살아 숨 쉬는
무지갯빛 행성

태양에서 세 번째로 가까운 행성,
지구는 금속과 돌덩이로
이루어진 행성입니다.

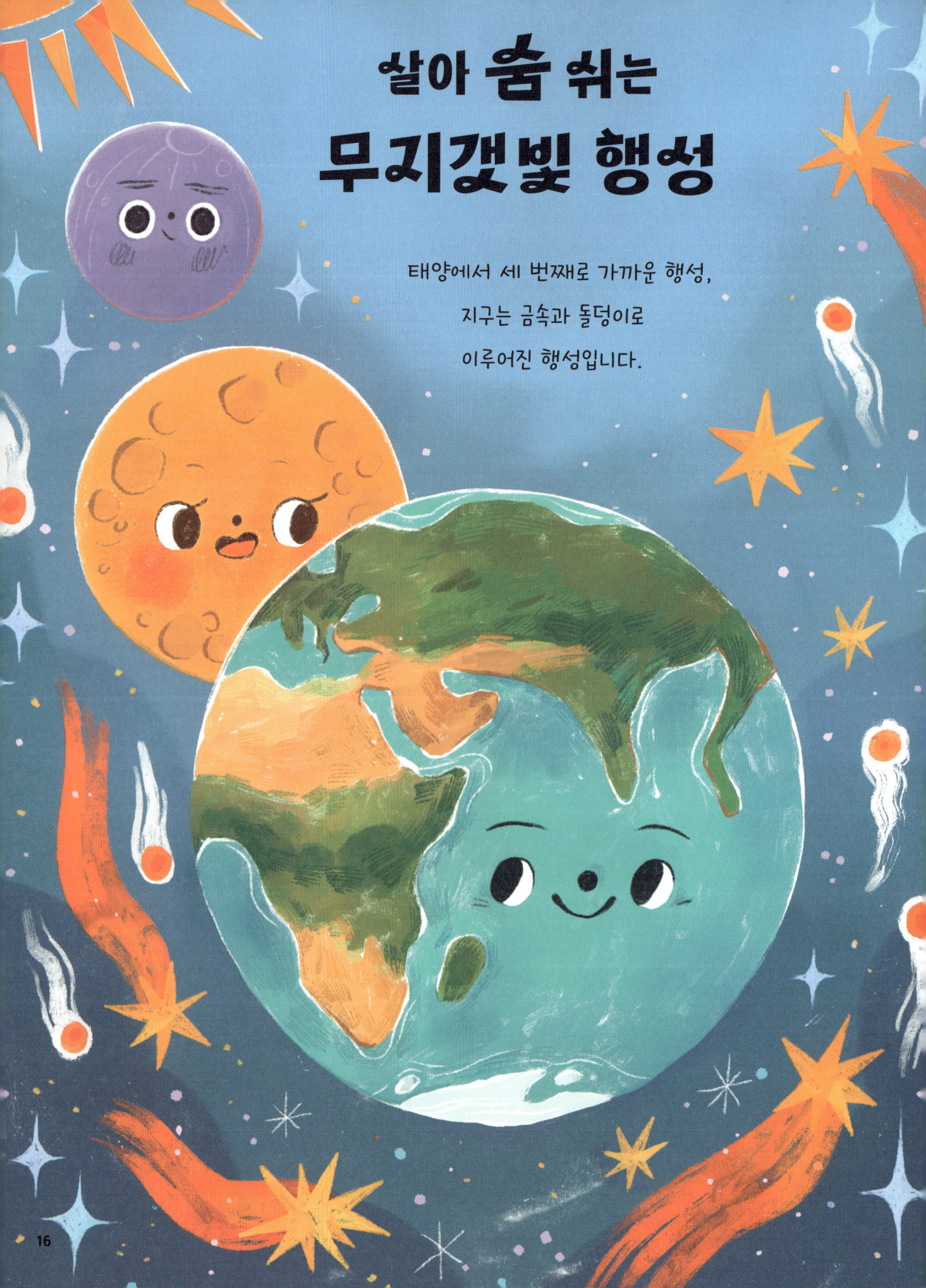

"땅속 깊은 곳,
제 중심에는
녹아내린 쇳물로 둘러싸여 있는
강철공이 있어요."

천천히 흐르는 용암이,
움직이는 땅덩어리 위에
아주 뜨거운 표면을 만들어냅니다.

이 판들은 돌, 석탄, 먼지로
단단하게 뒤덮인
'지각'이 되어
주변을 둘러싼답니다.

"가장 높은 곳에서
주위를 둘러볼까요?
다채로운 동식물들과
놀라운 일들로 가득하답니다!"

녹색 양탄자처럼
곱게 깔린 풀과 나무,
산과 협곡, 화산과 넓은 바다

날씨가 바뀔 때마다
하늘도 새로운 색으로 물듭니다.
해가 떠오르면 땅 위에는
따뜻한 기운이 스며들어요.

"제게는 산소와 물,
가스가 있기 때문에,
이 곳에는 얼마든지 생명이
살아 숨 쉴 수 있어요!"

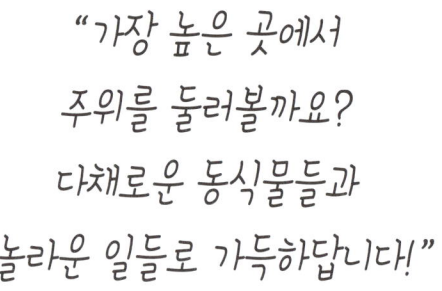

무더운 사막에서
얼어붙은 설국까지
지구는 모든 것을
품에 안은 행성입니다.

자연은 열대숲부터
모래로 뒤덮인 사막뿐만 아니라
바다와 육지까지
다양합니다!

곰팡이부터 동식물 그리고
형형색색의 무지개처럼 신비한
온갖 종류의 생명들이
가득한 곳이에요.

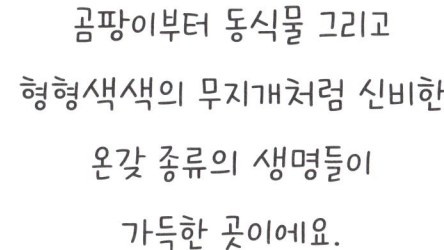

"흰색, 파란색, 초록색이 어우러져 휘몰아치는 푸른 바다가 광활하게 펼쳐져 있어요."

남색과 보라색으로 섞인
별이 빛나는 밤,
해바라기의 노란색,
폭포수가 터트리는 흰색 기포

어둠을 밝히는 불씨에서
튀어나온 주황색,
피어 오르는 꽃이
내보이는 분홍색

수많은
색과 소리가 어우러진 채
변화하는 지구는
신비로운 회전목마 같습니다.

지구는 봄, 여름, 가을, 겨울까지
총 네 번의 계절이 바뀝니다.

적도를 따라
무성한 생명들이 꿈틀대는 소리가
고요함을 뚫고 새어 나옵니다.

나팔을 부는 코끼리와
지저귀는 새들이
그들만의 언어로
말을 걸어옵니다.

깊은 바닷속에서
고래도 아름다운 노래를
부르고 있어요!

"대기 중 가스는
여러분을 위험으로부터
보호하고 편안한 하루를
보낼 수 있게 해준답니다."

"모든 생명체가
돌과 쇠가 섞인 이 땅에
각자의 집을 짓고
살고 있어요."

여러분은
이 행성이 이토록
다채롭고 멋지다는 사실을
알고 있었나요?

여러분이 살고 있는
이 푸르른 별이 말이에요.

지구에 관한 모든 것

우리의 행성, 지구는 태양에서 세 번째로 가까운 행성입니다.
지구는 태양의 주위를 한 바퀴 공전(주위를 도는 것)하는 데 365.25일이 걸립니다.
이를 365일로 반올림하여 1년으로 계산합니다.

지구가 자전할 때는 약간 기울어진 채(23.5°)로 돕니다. 이 작은 기울어짐이 우리의 사계절을 만들어냅니다.

← 축

적도는 지구의 중심에서 둥글게 그려져 두 개의 반구로 나누는 가상의 선입니다.

← 적도

북반구(위쪽)가 태양에 더 가까워지면, 그곳은 여름이 되고, 남반구(아래쪽)는 겨울이 돼요.

대부분 질소로 이루어져 있지만 숨을 쉴 수 있게 해주는 산소와 여러 기체가 섞여 있는 가스층은 지구를 둘러싼 보호막 역할을 합니다.

푸르른 지구에게
손 흔들어 인사를 해볼까요?
더 높은 우주에서 우리를 기다리고 있는
다른 별들을 만나볼 시간이에요!

태양계의 소용돌이 안에서

46억 년 전,
몇몇 가스와 먼지들이 뭉치고
무너지기 시작했습니다.
그리고…

그 덩어리는 마치
거품기로 휘젓는 것처럼
소용돌이치며 원판 모양으로
변했습니다.

중력이 그것을 중심으로 끌어당기고 빨아들였습니다.
뭉쳐진 덩어리는 비로소 무언가로
변하기 시작했습니다.

유성, 소행성
그리고 위성들이
마치 돌로 만들어진 풍선처럼
태양계 주변을 돌고 있습니다.

"우리 지구도 이렇게
태어났습니다.
그리곤 거대한 별의
주위를 맴돌고 있죠!"

"그 거대한 별을
'태양'이라고 불러요.
우리에겐
하나뿐인 별입니다."

"내가 일등이야."
수성이 말했어요.
"태양의 바로 옆에서 끓어오르는
뜨거운 행성은 바로 나야!"

금성이 대답합니다.
"그래, 하지만
내가 제일 뜨겁다는
사실을 다들 알게 될걸?"

"저한테는 살아 숨쉬는
생명체가 살고 있어요!"
세 번째로 지구가 외치네요.

네 번째로 화성이 나섰습니다.
"나의 붉고 녹슨 땅은
무척 멋지고 강렬하지."

"하지만 제일 큰 건 나예요.
나는 가스로 차 있고 차갑죠.
게다가 나이도 엄청 많아요."
목성이 말했어요.

토성도 손을 드네요.
"나는 반짝이는 고리도 있어.
달, 바위, 그리고 다른 멋진 것들로
이루어진 고리 말이야.
크기도 얼마나 크다고!"

천왕성이 한쪽으로 기울어진 채 말합니다.
"나는 미끄럼틀처럼 생겼지요."

가장 멀리 떨어져 있던 해왕성이 우렁차게 외칩니다.
"나는 춥고 어두워. 무려 16개의 위성을 가지고 있지!"

"다들 나보다 훨씬 크구나…"
이전에는 행성이었던
명왕성이 울먹이며 말합니다.

"내겐 위성이
다섯 개나 있지만,
크기가 너무 작아서
이제는 아무도 날 행성으로
인정해 주지 않아요."

그때 얼어붙은 덩어리가
갑자기 휙-하고
스쳐 지나가며 말합니다.
"나는 혜성이야!"

"내가 나는 모습 좀 봐!
태양에서 멀리 떨어진
곳에서 빙글빙글 돌며
끝없이 여행하지."

46억 년 전,
가스와 먼지들이
우르르 무너진 어느 날…

행성들이 태어났어요!
지금은 모두 둥글게
돌고 있지요.

그보다 더 멀리에서는
차가운 얼음 껍질이
우리 우주를 살포시
감싸고 있답니다.

그곳이 바로
태양계가 끝나는 곳이에요.
"오르트 구름의
가장자리야 친구들!"

태양계에 대한 모든 것

우리 태양계는 46억 년 전
성간먼지와 가스로 이루어진 빽빽한 구름에서 만들어졌습니다.

우선 태양 주위를 도는 행성으로는 수성, 금성, 지구, 화성이 있습니다. 이 행성들은 다른 행성들보다 작고 단단하며, 암석형 혹은 지구형 행성이라고 불립니다.

태양과 멀어질수록 행성들은 점점 추워집니다. 다음 두 행성인 목성과 토성은 '거대 가스 행성'으로 알려져 있습니다.

화성은 붉은 색 먼지로 뒤덮여 있습니다. 언젠간 우리가 살 수 있을지도 모릅니다.

태양은 우리의 유일한 별입니다.

토성은 두 번째로 크고 화려한 고리를 가지고 있습니다.

목성은 가장 크고 가장 오래됐습니다.

수성은 가장 작습니다.

금성은 제일 뜨겁습니다.

해왕성은 가장 멀리 있고, 놀라울 정도로 푸른 빛을 냅니다.

천왕성은 축이 살짝 기울어져 있습니다.

지구는 우리의 집입니다.

오르트 구름

제일 바깥쪽에 있는 행성인 천왕성과 해왕성은 거대 얼음 행성이라고 불립니다.

태양계의 가장자리에는 오르트 구름이 있습니다. 이 두꺼운 별무리는 얼어붙은 수많은 우주 잔해들이 모여 우리 태양계를 둘러싸고 있답니다.

거대 행성들보다 훨씬 작지만,
특별한 공통점을 가진
네 개의 작은 행성을 만나볼까요?

바위로 된 네 개의 행성들

그들은 비록 날개는 없지만
반짝이는 하늘을
돌아다니면서
노래합니다.

"우리는 태양 주위를
시계 반대 방향으로
둥글게 돌고 있어요.
되돌아갈 수 없답니다!"

"우린 지구형 행성이에요.
바위처럼 단단하죠.
생긴 모습은 서로 다를지라도
사이가 좋답니다!"

"나는 작고 빛나는 행성인 수성이에요. 태양과 가까워 언제나 찌는 듯이 더워요!"

"제 표면은 울퉁불퉁해요. 우주에서 살아가려면 강인해야 하거든요!"

"빙글빙글 도는 속도는 느리지만, 태양 주위는 아주 빠르게 돌아요! 그래서 하루는 엄청 길죠. 달리는 모습이 얼마나 멋진데요!"

"저는 뜨겁지만 얼음덩어리도 가지고 있답니다. 이상하게 들리겠지만, 놀랍게도 사실이에요!"

"나는 끓어오르고 있어!" 금성이 외쳤습니다.
"너무 뜨거워 납이 녹아내릴 정도라구!"
금성은 위험한 화산으로 뒤덮여 있어요.
아주 멋진 풍경이랍니다!

"이곳엔 물이 하나도 없어서
내 온도는 갈수록 높아져요.
실제로 본다면
다들 깜짝 놀랄 거예요.
손 댈 수 없을 만큼 뜨겁거든요!"

"제 하루는 정말 정말 길어요.
1년보다도 더 오래 걸린다니까요!
게다가 거꾸로 돌고 있어요
(왜 그런지는 아무도 몰라요)."

"제 몸은 아주 위독하고 위험한 성분으로 이루어진 구름으로 가득해서 모습을 실제로 보는 건 쉽지 않을 거예요."

"저는 거칠고 활기차지만, 표면의 독성이 너무 강해서 생명이 살 수 없어요…"

"수성은 정말 빠르구나!"
감탄하는 지구의 주변에는
자기장이 있어요.
마치 거대한 자석 같아요!
자기장은 마치 보이지 않는 방패처럼,
지구를 감싸고 지켜줍니다.

"나는 바로 지구,
특별한 존재죠.
'골디락스 존'에 사는
유일한 행성이에요!"

"달은 나를 흔들리지 않게 지켜주고,
낮과 밤도 만들어 준답니다!
제 온도는 딱 알맞아요.
맞아요. '살기 좋은 별'이랍니다!"

"저는 단단하고 튼튼한 바위로
태어났고 아주 둥글죠.
하늘에는 공기가 있고
바닥에는 흙이 덮여 있어요."

"산소가 가득한 땅은
지나치게 춥지도 덥지도 않아요.
생명체들이 살기에
이보다 좋은 행성은 없죠!"

"반가워요. 저는 화성이라고 해요. 라틴어로 '전쟁의 신'을 뜻하는 단어에서 따왔어요."

"이곳에서 부는 폭풍은 무척 특별하고 강렬해요. 사방에서 몰아치면서 붉고 녹슨 먼지를 온 바닥에 남기곤 하지요."

"붉은색 때문에 화성의 온도가 아주 높아보일 수도 있지만, 사실 이건 철분이에요. 실제로는 뜨겁지 않죠!"

"별들의 천국인 이곳에는 여러분이 모르는 비밀들도 아주 많아요. 한때 화성에 생명체가 있었는지 궁금하지 않나요?"

"안녕! 우린 지구형 행성이에요.
서로 다르게 생겼지만,
우린 모두 바위처럼 단단하고
사이가 좋아요!"

지구형 행성에 대한 모든 것

네 개의 지구형 행성이 있습니다. 태양과 비교적 가깝고 고리가 없으며 거대 가스 행성과 거대 얼음 행성에 비해 작습니다.

수성은 태양과 가장 가깝습니다. 태양계에서 가장 빨리 궤도를 돌죠. 표면 대기층이 매우 얇고 가장 작은 행성입니다.
하루: 지구의 59일
1년: 지구의 88일

금성은 태양으로부터 두 번째로 가깝고 평균 표면 온도가 462도에 달합니다. 허리케인처럼 강한 바람이 사방에서 휘몰아치고 지독한 화산 먼지로 가득합니다.
하루: 지구의 243일
1년: 지구의 224.7일

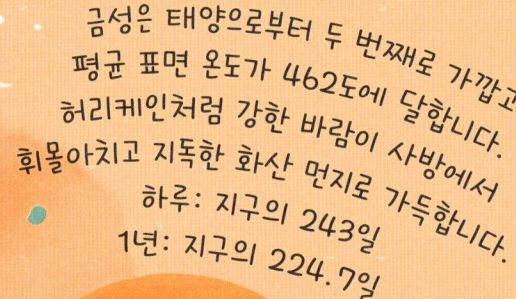

지구형 행성들은 주로 돌과 금속으로 이루어져 있습니다. 이 행성들은 표면이 단단하고 중심에는 주로 철로 만들어진 코어가 있습니다.

화성은 태양에서 네 번째로 먼 행성입니다. 보통 우리에겐 '붉은 행성'이라고 알려져 있습니다. 표면에 철이 풍부한데, 이 철이 산화되어 붉게 보이기 때문이죠.
하루: 지구의 25시간, 1년: 지구의 1.9년

지구는 태양에서 세 번째로 떨어져 있는 행성입니다. 태양계의 '골디락스 존'에 위치해 있습니다. 이 구역은 별 주변에서 생명들이 살기 좋은 조건을 갖춘 곳입니다.
하루: 24시간, 1년: 365일

지구형 행성들아, 이만 안녕!
이제 그보다 멀리 있는
거인들을 만나러 갈 때입니다.
다 같이 불러볼까요?

가스와 얼음으로 된 네 개의 거대한 행성들

이 네 개의 얼어붙은 행성들은 태양계를 따라 둥글게 춤을 춥니다.

"내 이름은 목성이에요. 여러분은 상상도 못할 만큼 크고 거대하죠!"

"나는 축을 따라
아주 빠르게 돌아요!
몸집은 크지만 날렵하죠."

"거대한 행성인 이 몸은
가스로 이루어졌어요.
저만큼 빠른 데다 멋지기까지 한
행성은 아마 없을 거예요!"

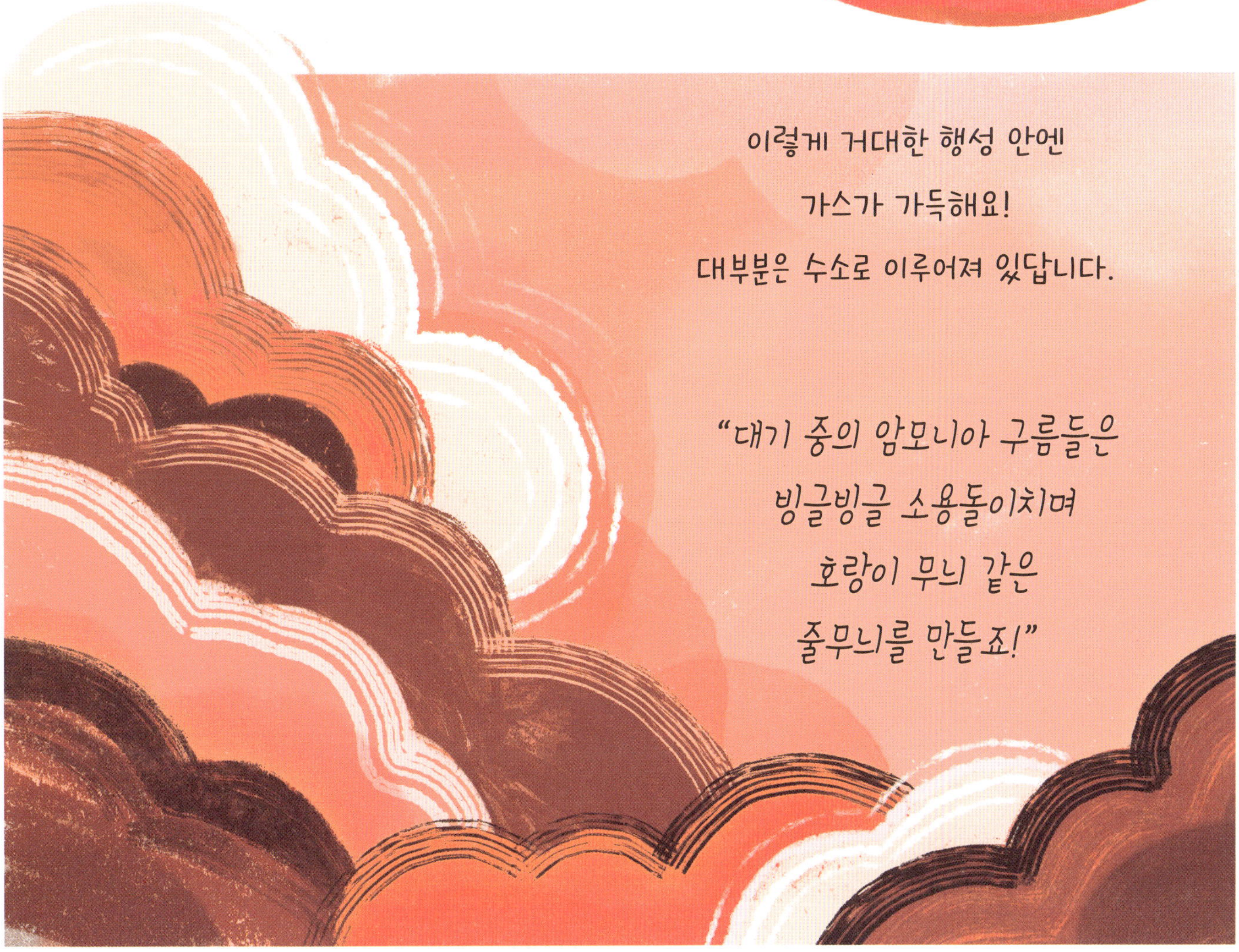

이렇게 거대한 행성 안엔
가스가 가득해요!
대부분은 수소로 이루어져 있답니다.

"대기 중의 암모니아 구름들은
빙글빙글 소용돌이치며
호랑이 무늬 같은
줄무늬를 만들죠!"

"네가 제일 크긴 해." 토성이 말했습니다.
"그건 나도 잘 알고 있지.
하지만 호랑이 무늬 같은 그 폭풍은
조금 무서워 보이는걸."

"밤하늘을 올려다볼 때
우리 둘을 한번 구분해보세요!
가장 반짝이진 않아도,
저는 정말 놀라운 별이라구요!"

"나는 크기로는 두 번째지만,
아주 아름다운 고리를 가지고 있죠!
얼음 조각, 먼지, 탄소 덩어리로
만들어졌답니다."

"내 주변에는 신기한 조각들이
둥둥 떠다녀요.
어때요? 우주 제일의 멋쟁이로
보이지 않나요?"

"넌 네가 멋지다고 생각해?"
작은 목소리가 들려옵니다.
"나는 축이 기울어서
옆으로 누워버렸어…"

천왕성이 말했습니다.
"저는 아주 춥고, 이상한 각도로
미끄러져 있어요."

"혼자서만 반대로 돌아서
모두들 내가
반항적이라고 말하지만
꿋꿋하게 나만의 길을 가고 있죠."

"제가 파란 이유가
궁금하시겠죠.
바로 메탄과 헬륨 때문이에요!"

저 멀리서 투덜거리는
소리가 들립니다.
이 목소리의 주인은 홀로 있는
거대한 해왕성의 것이죠.

"한때 사람들은
천왕성보다 제가 더 파랗다고 생각했어요."
해왕성이 말합니다.
"그건 사실이랍니다. 천왕성과 비슷한
가스덩어리를 가지고 있거든요."

"내겐 해변도 없고
부드러운 모래사장도 없어요.
여기서 탐험할 수 있는 것은
오직 어둠뿐이랍니다."

"가스로 가득찬 표면은
거센 폭풍이 휘몰아쳐
어떤 배도 항해할 수 없어요."

하지만 기울어진 축
(또는 이와 비슷한 이유)
덕분에, 계절이 있어요!

가스 행성에 대한 모든 것

태양으로부터 가장 멀리 떨어진 네 개의 행성은 가스형 행성 또는 얼음형 행성이라고 불립니다. 이 행성들이 크고, 가스로 가득 차 있으며, 태양에서 멀어질수록 점점 더 얼어붙을 만큼 차가워지기 때문입니다.

폭풍우가 몰아치고 줄무늬가 그려져 있는 목성은 태양계 속 모든 행성들을 합친 것보다 큽니다. 목성 안에 있는 '커다란 붉은 점'은 지구의 넓이보다 1.3배 정도 크고 수백 년 동안 몰아치고 있습니다.

거대 가스 행성들은 모두 고리가 있지만, 토성의 고리가 제일 큽니다! 고리들은 수십억 개의 입자들과 얼음덩어리 그리고 먼지로 만들어졌습니다.

이 네 개의 거인들은 암석으로 된 코어를 가지고 있으며 고리(목성은 고리로 유명)와 여러 개의 위성을 가지고 있어요. 토성이 274개로 가장 많은 위성을 가지고 있고, 목성은 95개, 천왕성은 28개, 해왕성은 16개를 가지고 있습니다.
(최종 집계 기준)

해왕성은 가장 바람이 많이 불고 태양계에서 제일 멀리 떨어져 있어서 태양빛을 받는 데에만 4시간이 걸립니다. 태양 궤도를 따라 도는 데만 165년이 걸리죠.

천왕성과 해왕성은 둘 다 대기 중의 메탄가스 때문에 파랗게 보입니다. 한때 해왕성이 천왕성보다 더 푸른빛이라고 생각되곤 했지만, 지금의 천문학자들은 이 둘이 비슷한 색이라고 생각합니다.

흥얼거리는 소리에
귀 기울여 보세요.
어디로 튈지 몰라 정말 두근두근해요!
신나는 춤을 추며 혜성이 다가와요.
쉿! 조용히... 아니, 함께 출발!

돌고 도는 작은 존재들의 여정

아주 먼 옛날, 생겨난 지 얼마 안 된 태양은 가스로 된 구름과 돌을 두르고 있었습니다.

수많은 물질이 모여서 흐릿한 구름을 만들고, 마치 신비로운 망토처럼 태양 주위를 감쌌답니다.

그런데 그때, 놀라운 일이 일어났어요. 어떤 중요한 힘이 작용해서 조각들이 모이더니 행성들이 탄생했죠! 바로 '응집 작용'이죠!

행성들과 위성들이
자리를 잡아가는 동안,
버려지고 홀로 남겨지는
조각들도 많았습니다.

수십억 개의 파편들은
진화하지 못했어요.
한번 상상해보세요.
그 안에 담긴 비밀과
수수께끼들을 말이죠!

소행성과 혜성
그리고 무수한 파편들이
우주라는 무한한 바다를
유유히 떠다닙니다.

"모두 비켜!
소행성이 간다!
우린 가스층을 뚫고
빠르게 돌아다니지."

"소행성이란 이름은 별과
비슷하다는 뜻이지만,
우리는 딱딱하고 바위 같은 몸체를
가지고 있어서
빛을 낼 수는 없답니다."

소행성들이 미끄러지듯 날아가다가 충돌하면, 그 때 떨어진 조각을 바로 유성이라고 합니다.

"하늘 저 멀리서 나를 보면 다들 소원을 빈답니다. 반짝이는 별이 하늘을 가로지르는 듯한 모습이 신비로워 보이기 때문일 거예요!"

"사실 내 몸은 먼지로 만들어져 있답니다. 여러분들이 바라보고 있는 건 그저 불타고 있는 조약돌이죠. 저는 활활 타고 있는 불덩어리예요!"

"만약 제가 밤 하늘에서 빛을 내며 바닥으로 떨어지는 것을 봤다면 그건 운석이 된 거랍니다."

저기 얼음과 먼지로 이루어진 채 쏜살같이 지나가는 건 누구일까요? 바로 혜성이에요! 여행을 떠날 운명을 타고났어요.

"저는 성질 급한 혜성이에요. 무척 빠르죠. 제 먼지가 구름처럼 퍼지는 것을 코마라고 불러요!"

"가스를 태우면 머리가 밝게 빛나기 시작하는데, 활활 타오르고, 멋지고, 눈부시죠!"

"나는 태양 주변을 돌아요. 멈출 수 없죠. 짧은 거리의 궤도를 따라 날아갑니다. 이만 떠나야 돼요, 안녕!"

소행성, 위성, 그리고 혜성에 대한 모든 것

46억 년 전 태양계의 행성과 위성이 생겨날 때,
남은 조각들은 소행성, 혜성, 그리고 운석이 됐습니다.

혜성은 얼음과 먼지로 이루어져 있습니다. 단주기 혜성은 태양을 기준으로 200년도 채 걸리지 않는 궤도를 돕니다. 장주기 혜성은 200년이 넘는 궤도를 따라 돕니다. 혜성이 태양에 가까워질수록 뜨거운 열을 받아 가스를 태우는 꼬리를 길게 늘어뜨린 채 이동합니다.

핵 코마 꼬리

소행성은 바위로 이루어져 있고, 중심에는 금속으로 된 부분이 있습니다.

운석들은 주로 돌이나 금속덩어리로 이루어져 있으며 자갈 크기만 하죠. 이것들은 소행성끼리 충돌한 뒤 남은 파편들이거나 혜성이 지나간 길에 남은 잔해랍니다.

대부분의 소행성들은 화성과 목성 사이에 있는 소행성대에서 왔어요.

유성이 지구의 대기를 뚫고 엄청 빠르게 지나간다면 우리는 이걸 "별똥별"이라고 부릅니다.

유성이 지구에 떨어지면 다시 이름을 바꿔요. 우리는 그걸 운석이라고 부르죠.

밤하늘에
보석이 흩뿌려진 것처럼
반짝이는 빛의 나선 속으로
이동해 볼까요?

은하수의 별이 빛나는
회전목마

"나는 여러분들이 살고 있는 은하예요. 신기하죠? 나선형이고 막대 모양을 가진 거대한 은하수, 그게 바로 나예요!"

"수백억 개의 별들이 반짝이며 빛나는 모습을 보세요! 은하수 원반 속에서 춤추듯 빛나고 있답니다!"

빙빙 돌면서 펼쳐지는
별들의 회전목마,
우주는 모든 공간을 마법처럼
사로잡고 있답니다.

무더운 여름 밤,
하늘을 올려다보세요.
별들이 움직이고 날아가는 것처럼
보일 거예요.

"우리는 별이에요.
가스와 먼지로 가득 찬
은하계에서 타올라야 하죠."

빛으로 수놓아진
하늘의 장막이
천천히 회전하며
마법 같은 풍경을 보여줍니다!

이 거대한 가스와 물질 덩어리는
놀라운 중력의 회전목마 속에
하나로 묶여 있어요.

그리고 바로 한가운데
오! 저건 뭘까요?
정체를 알 수 없는
신비로운 어둠이 숨어 있어요.

믿을 수 없는 힘을 가진
거대한 우주의 괴물이네요!

그건 바로 블랙홀이라 불러요.
엄청나게 크고 무시무시하죠!
강한 중력 때문에
빛조차 빠져나올 수 없을 만큼
어둡고 강력하답니다.

모든 물질을
안으로 빨아들이지만,
안심하세요.
블랙홀은 너무 멀리 있어서
우리가 마주칠 일은 없답니다.

지구는
태양 주위를 돌며
시간을 달리는 행성이에요.
그 여행은 이제 막
시작했을 뿐이랍니다.

하늘을 올려다보세요.
우리 은하가
반짝이는 별들로 가득 찬
노래를 부르고 있답니다!

어둠을 비추는
별들이 마치
사랑에 빠진 것처럼
타오르고 있어요.

수많은 별들이 반짝이며 떠 있어요.
소용돌이치는 은하수 하늘 속
높은 곳에서요!

이렇게 큰 태양이지만 수십억 개의 별들 중 하나입니다.
우리 은하계도 2조 개 중 하나에 불과합니다!

잊지 말아야 할 건, 2조 개의 은하가 있다는 사실이에요.
각각 수십억 개의 별들을 품고 있죠. 정말 놀랍지 않나요?

수많은 별이
푸른 빛으로 소용돌이칩니다.
믿기지 않겠지만
놀랍게도 사실이랍니다!

그리고 우주를 구성하는
무한한 공간 속
2조 개의 은하 중에
우리 은하가 존재합니다!

은하수에 관한 모든 것

은하수는 별무리가 마치 하늘에 흐르는 물길과 같다고 해서
은하수라고 불립니다.

은하수는 막대 모양의 나선형 원반 구조를 가지고 있습니다. 이는 '나선팔'이 별들로 이루어진 중심의 막대 모양 구조에서 뻗어나간다는 뜻입니다.

은하수는 태양을 포함한 4,000억 개 이상의 별들을 품고 있다고 추정되며, 이는 수조 개의 은하가 있는 우주 속 단 하나의 은하일 뿐입니다. 상상이 되시나요?

나선팔 / 막대구조 / 우리 태양계 / 블랙홀

블랙홀은 중력이 너무 강해서 빛마저도 빠져나갈 수 없답니다. 눈에 보이지 않지만 주위의 물질을 빨아들이는 움직임을 포착했기 때문에 그 존재를 발견할 수 있었습니다.

은하수에는 천만에서 십억 개의 블랙홀들이 있습니다. 하지만 그 중심에는 가장 큰 블랙홀이 있습니다.

궁수자리A(사지타리우스 A)라고 불리는 이 블랙홀은 은하수 한가운데에 위치해 있습니다. 태양의 430만 배의 질량을 가졌고 빛의 속도로 계산했을 때 지구와는 약 2만 6천광년 정도 떨어져 있습니다.

어디선가 점점 더 강렬한
열기가 느껴져요.
저기 아주 크고 엄청난 존재가
기다리고 있네요!

우리들의 불타오르는 슈퍼스타

다른 곳에는 여럿 있을지 몰라도
우리에겐 단 하나뿐이랍니다.
눈부시게 빛나는 태양이 다가옵니다.
준비하세요!

놀랍도록 찬란하게 타오르는
우리의 태양은 별이며
우린 그의 주변을 따라
돌고 있습니다!

"행성들과 비교하면
저는 어마어마하게 거대하고,
강력한 에너지로 타오르고 있어요."

하지만 태양에게는
강력한 열기 말고도
또 다른 중요한 요소가 있으니,
바로 빛입니다!

태양은 밤에도
빛을 멈추지 않습니다.
맞아요, 태양은 지구에게
열과 빛을 주는 유일한 존재죠!

눈부시고 놀라운 태양은
그 어떤 것과도
비교할 수 없습니다.
이런 태양이 바로
우리 지구의 별이에요!

"지구의 모든 생명체가
아주 아주 밝은 별인
제 덕분에 살아갈 수 있답니다."

태양은 정말 매력적이고,
강력할 뿐만 아니라
엄청난 에너지를 지닌 존재예요.

"다이아몬드도 녹일 수 있는
뜨거운 용광로가
화덕에 있다고
생각해 보세요!"

"나는 힘을 뿜어내죠!
모든 행성을 궤도에
붙잡아 두는 힘도
아주 강력해요!"

"사람들은 저를
'오렌지색 난쟁이별'이라고
불러요. 정말 이상하네요.
저는 꽤 거대하다고
생각했는데 말이죠.
게다가 전 자주 변하기도 한답니다."

"저는 끊임없이 움직이지만
걱정할 필요 없어요.
힘이 넘쳐서 제 열기로
스스로 균형을 잡거든요!"

"이것 좀 보세요.
이 플라즈마와 가스 거품들이
제 화려한 몸에서 트림처럼
뿜어져 나오고 있어요!"

지구 대기로
입자가 날아들 때까지,
하늘을 감싸는 아름다운 양탄자가
빛을 냅니다!

한밤중에 피어오르는 오로라의 춤은
태양의 폭풍이 빛줄기를 보내면
생겨나는 무늬입니다.

백열등처럼
뜨겁게 타오르는 태양은
자력으로 회전하면서
이렇게 많은 일을 합니다.

태양에 대한 모든 것

태양계의 중심에는 태양이라는 별이 하나 있습니다.
태양은 아주 커다란 불덩이로, 뜨거운 수소와 헬륨 가스로 가득 차 있습니다.
이 불덩이는 자기 스스로의 힘, 즉 중력으로 단단히 뭉쳐 있습니다.

태양은 태양계에서 가장 큰 천체로, 지구보다 무려 130만 배나 더 큽니다! 태양의 강력한 중력은 여덟 개의 행성을 잡아당겨 궤도에서 돕니다.

하지만 다른 별들과 비교하면, 태양은 평범한 크기랍니다. 황색 왜성이라고 알려져 있습니다.

태양의 핵 온도는 약 1,500만°C까지 올라갑니다.

태양이 우리 태양계의 다른 행성들보다 얼마나 큰지 보세요. 그 커다란 목성도 작아 보일 정도입니다.

- 수성
- 금성
- 지구
- 화성
- 목성
- 토성
- 천왕성
- 해왕성

태양 폭풍은 태양에서 분출되는 물질들로부터 시작됩니다. 이 물질이 지구 대기의 가스와 만나면, 하늘에서 형형색색으로 춤추는 빛을 만들어냅니다. 우린 이 빛을 오로라라고 부릅니다.

지구의 생명체들은 태양이 주는 빛과 열 없이는 살아갈 수 없습니다.

태양이 보내주는 빛이 지구에 도착하는 데는 8분 20초 정도 걸린답니다.

수백만 광년 저 너머, 아득히 먼 곳...
언젠가 별을 만들어낼 가스와 먼지들이 숨 쉬는 곳으로
이동해 봅시다.

별이 반짝이는 유치원

수백 아니 수천 광년보다
더 멀리 떨어진
별들 사이 어딘가에서
아기 별들이 뛰노는 곳이 있습니다.

광활하게 펼쳐진
우주라는 하늘의 바다 속에
별들이 피고 지는
왕국이 있습니다.

숨막힐 정도로
거대하고 눈부시게 빛나는 그곳을
성운이라고 부릅니다.
우주 속 '유치원'이죠!

신비로운 별들로
가득 찬 성운이
지붕처럼 하늘 위를
뒤덮고 있습니다.

"내가 10,000°C 보다 뜨거워진다면 원시별이 된답니다."

점점 커지고
중력이 강해지면서
내부가 붕괴되기 시작하자
더 이상 형태를 유지할 수 없습니다.

각각의 수소 분자들이
서로 합쳐집니다.
"우리는 더욱 더 뜨거워지고 있어.
이제 영원히 멈출 수 없어!"

가스와 먼지들이 모여
수축하며 점점 뜨거워지다
납작해지고
결국엔 **펑** 티져비립니다.

마치 성운이 춤을 추는 듯한
이 생명의 순환 속에서
별은 힘겨운 투쟁 끝에
반짝이게 될 거예요.

"거의 다 왔어요!"

"내 주변의 세상이
100억 년 동안 돌고 돌아도
나는 여기에 서서
영원히 불타오를 거야!"

엄청난 압력과 아주 강력한 힘을 견디며
태어난 별은 거대하고 신비롭습니다.

별이 어디서나 보일 정도로
환하게 빛을 내뿜으며,
그 힘과 열기로
완벽한 시작을 알립니다!

모든 별들이 이런 힘든 시간을 거쳐
자라왔다고 생각해보세요.
하지만 슬프게도 별은 커질수록
수명이 짧아진답니다.

저기 반짝이는 공에 붙어있는
작은 흰색 점이 보이시나요?
"나는 이 모든 시간이 흐른 뒤에
남겨진 흔적입니다."

"수소가 바닥나면서
저는 죽어가고 있어요.
곧 폭발할지도 몰라요!"

그렇게 저 멀리 어딘가에서
또 다른 별을 키워내는
요람이 생기고 생명의 순환은
끝없이 이어집니다.

마음을 가라앉히고
눈을 감은 채 숨을 깊게 쉬어보세요.
죽음 속에서도
태어나는 새로운 생명이
느껴지나요?

저 아름다운 성운을 보세요.
새로운 별이 태어나고
그 빛을 볼 수 있다니
정말 기쁜 일이에요!

"나는 별들 사이
우주 틈새 속에서 날아왔습니다.
반짝이는 내 파도를 타고
우주를 여행할 수도 있어요!"

별의 일생에 대한 모든 것

성운은 별과 별 사이에 있는 공간이며 우주 먼지와 기체로 이루어진 구름입니다.

이 공간을 '성간'이라고 부릅니다.

중력의 힘 아래서 폭발한 별로부터 온 가스와 먼지들이 뭉치기 시작하면서 매우 뜨거워집니다.

그 열로 인해 특별한 가스가 생기고 별이 태어납니다.

우리의 태양과 같이 일반적인 별들은 100억 년 동안 살 수 있습니다.

성운은 별이 죽을 때 생겨나고 별들이 태어나는 지역이기도 합니다. 이 '별 유치원'은 새로운 별들이 만들어지는 곳이나 다름없습니다!

가스가 바닥나면, 별은 적색거성이 됩니다.

...혹은 놀라울 정도로 밀도가 높은 중성자 별이 됩니다.

마침내 이 별은 블랙홀이 되거나…

그 다음으로 이 별들은 거대한 초신성이 됩니다. 거대한 폭발이 일어납니다.

더 커져버린 별은 더 짧은 생을 삽니다! 이 거대한 별은 적색초거성이 됩니다.

그리고 백색왜성이 되죠.

우리는 모두 별처럼
먼지로 이루어져 있습니다.

오늘 밤은 반짝이는
별들을 보며 달콤한 꿈나라로
떠나보세요!

5분 우주 이야기

초판 1쇄 인쇄	2025년 6월 3일
초판 1쇄 발행	2025년 6월 17일
초판 2쇄 발행	2025년 12월 24일

저 자	Gabby Dawnay
일 러 스 트	Mona K
옮 긴 이	별난고래 학술국
발 행 인	장주연
출 판 기 획	임경수, 김수진
책 임 편 집	이규빈, 이연성
편 집 디 자 인	주은미
표 지 디 자 인	김재욱
마 케 팅	박예진
발 행 처	별난고래
	등록 제 4-139 호 (1991. 6. 24)
	본사 (10881) 파주출판단지 경기도 파주시 회동길 338(서패동 474-1)
	전화 (031) 943-1888 팩스 (031) 955-9545
	홈페이지	www.koonja.co.kr

5 Minute Space Stories © 2025 Magic Cat Publishing Ltd
Text © 2025 Gabby Dawnay
Illustrations © 2025 Mona K
First Published in 2025 by Magic Cat Publishing, an imprint of Lucky Cat Publishing Ltd,
Unit 2 Empress Works, Grove Passage, London E2 9FQ, UK

All rights reserved
Korean translation copyright © 2025 by Stellar Whale Publishing
Korean translation rights arranged with Magic Cat Publishing Ltd through GLOBOOKS Agency.

© 2025년, 5분 우주 이야기 / 별난고래
본서는 저자와의 계약에 의해 **별난고래**에서 발행합니다 .
본서의 내용 일부 혹은 전부를 무단으로 복제하는 것은 법으로 금지되어 있습니다 .

* 파본은 교환하여 드립니다 .
* 검인은 역자와의 합의하에 생략합니다 .
* 별난고래는 (주) 군자출판사의 아동도서 전문 출간 브랜드입니다 .

ISBN   979-11-7068-268-4 (77440)
정가   18,000원